Primavera

Karen Bryant-Mole

Heinemann Library
Des Plaines, Illinois

1999 Reed Educational & Professional Publishing
Published by Heinemann Library,
an imprint of Reed Educational & Professional Publishing,
1350 East Touhy Avenue, Suite 240 West
Des Plaines, IL 60018
Customer Service 1-888-454-2279

©BryantMole Books 1997

Designed by Jean Wheeler
Commissioned photography by Zul Mukhida
Printed in Hong Kong / China

03 02 01 00 99
10 9 8 7 6 5 4 3 2 1

Library of Congress Cataloging-in-Publication Data

Bryant-Mole, Karen.
    [Spring. Spanish]
    Primavera / Karen Bryant-Mole.
        p.   cm. -- (veo, veo!)
    Includes index.
    ISBN 1-57572-910-5 (lib. bdg.)
    1. Spring--Juvenile literature. I. Title. II. Series: Bryant
-Mole, Karen. Picture this! Spanish.
    QB637.5.B7918 1999
    508.2--dc21
                                        99-10864
                                           CIP

Acknowledgments
The Publishers would like to thank the following for permission to reproduce photographs. Cephas; 16 (left) Mick Rock,
17 (left) Helen Stylianou, 17 (right) M. Dutton, Eye Ubiquitous; 4 (right) Keith Mullineaux, 20 (right) Frank Leather, 21 (left) Sue Passmore,
Hutchison Library; 13 (left) Bernard Régent, Oxford Scientific Films; 12 (left) Michael Leach, 13 (right) Martyn Chillmaid, 21 (right) Michael
Richards, Tony Stone Images; 4 (left) Hans Reinhard, 5 (left) H Richard Johnston, 5 (right), 8 (left) Niyati Reeve, (right) Charlie Waite, 9 (top) Gary
Yeowell, 20 (left) Jeanne Drake Zefa; 9 (bottom) A. & J. Verkaik, 12 (right)

Every effort has been made to contact copyright holders of any material reproduced in this book. Any omissions will be
rectified in subsequent printings if notice is given to the Publisher.

Encontrás unas palabras en negrita, **así.** El glosario te da su significado.

Contenido

Flores

En primavera, la tierra se calienta.
Las plantas **florecen**.

Limpieza anual

Tradicionalmente, *en primavera limpiamos bien la casa.*

Tiempo

En primavera hay días lluviosos
y días soleados.

día soleado

día lluvioso

arco iris

En algunos lugares hay **tornados** en primavera.

9

Ropa

¡Esta ropa viene bien en un día lluvioso de primavera!

11

Árboles

Muchos árboles frutales **florecen** en primavera.

ciruelo

cerezo

Los árboles frutales se cubren de flores.

manzano

peral

En el huerto

En primavera sembramos
semillas en el huerto.

Las plantas **florecen** en verano.

Festividades

En primavera **celebramos** estas festividades.

Pascua Judía

Primero de Mayo

16

Pascua

Holi

Verduras

En primavera compramos estas verduras.

zanahorias

col

18

papas tiernas

cebollitas

Animalitos

En primavera nacen muchos animalitos.

¿Qué animales son éstos?
¿Cómo se llaman sus bebés?

Nidos

Muchas aves hacen sus nidos en primavera.

Usan algunas de estas cosas.

musgo

plumas

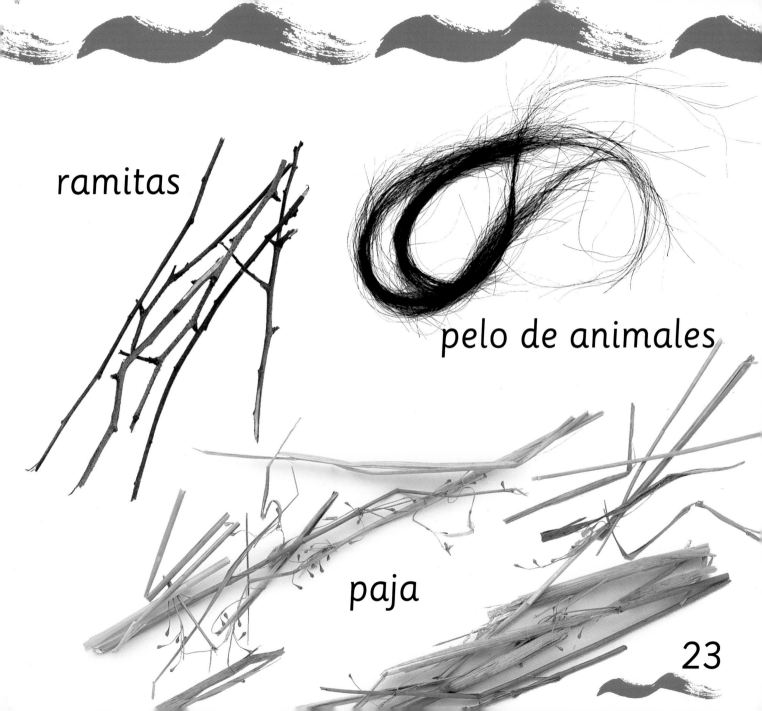

ramitas

pelo de animales

paja

23

Glosario

celebrar   *festejar alguna ocasión especial*
florecer   *cuando se abren las flores*
tornado   *vientos muy fuertes que forman un remolino como un embudo*
tradicionalmente   *desde hace muchos años*

Índice